# ACTES SOUS SEING PRIVÉ

## BAUX ÉCRITS

### ET LOCATIONS VERBALES

LYON. — IMPRIMERIE PITRAT AÎNÉ, RUE GENTIL, 4.

# NOTIONS USUELLES DE DROIT

# ACTES SOUS SEING PRIVÉ

## BAUX ÉCRITS

### ET LOCATIONS VERBALES

PAR

## GROSLAMBERT

RECEVEUR DE L'ENREGISTREMENT ET DES DOMAINES

## LYON

P. N. JOSSERAND, LIBRAIRE-ÉDITEUR

3, PLACE BELLECOUR, 3

1873

# PRÉFACE

Il est difficile d'apprendre la science du droit; nous devons laisser cette tâche ardue aux hommes de loi; mais nous ne devons pas ignorer les principales dispositions de nos lois les plus usuelles et nous devons faire choix d'un bon guide pour la célérité des recherches. Avec lui on se procurera le grand avantage d'éviter des difficultés, des contestations, des procès et des amendes.

C'est dans la pensée d'atteindre ce but utile que j'offre au public une première brochure qui traite des actes en général, et spécialement des sous-seings privés, des baux écrits et des locations verbales. On trouvera facilement la question que l'on désire connaître, en consultant les différents numéros inscrits à la table en regard de chaque mot.

## C



## D

## E

## N



## O



## P



## Q

## R



## S



## T



## U

## V

# ACTES SOUS SEING PRIVÉ

## BAUX ÉCRITS

### ET LOCATIONS VERBALES

## I

### DES ACTES

**1.** Dans le langage du droit, l'acte est la preuve écrite ou d'un fait, ou d'une convention ou d'une obligation. On emploie souvent, dans la pratique, le mot acte comme synonyme de contrat, de titre, de convention.

**2.** L'acte public ou authentique est celui qui émane des officiers publics, tels que juges, officiers de l'état civil, notaires, huissiers, etc., dans l'exercice de leurs fonctions et dans le cercle de leurs attributions.

**3.** L'acte sous seing privé est un écrit par un ou plusieurs particuliers, sans l'intervention d'un officier public.

**4.** L'acte public fait pleine foi de la convention, de la reconnaissance, tandis que l'acte privé n'a cet avantage qu'autant qu'il a été reconnu devant notaire ou en justice par le ou les souscripteurs.

**5.** Certains actes, pour être valables, doivent avoir le caractère authentique, c'est-à-dire qu'ils doivent nécessairement être passés devant notaire, tels que :

1° Les donations et les procurations, pour les accepter ;

2° Les contrats de mariage ;

3° Les actes respectueux ;

4° Les consentements à mariage ;

5° Les constitutions d'hypothèques ou obligations hypothécaires et les mainlevées ;

6° Les certificats de propriété et de vie ;

7° Les actes de notoriété ;

8° Les partages d'ascendants ;

9° Les procès-verbaux de carence après décès ;

10º Les inventaires, excepté ceux dressés en cas de faillite :

11º Les quittances de paiement avec subrogation ;

12º La quittance de paiement des droits et reprises de la femme après séparation de biens ;

13º Les partages et comptes avec les mineurs ;

14º Les certificats de propriété pour transfert de rentes sur l'État ;

15º Les certificats de propriété pour le remboursement du cautionnement d'un titulaire ;

16º Les certificats de propriété pour l'obtention, par les veuves des militaires et orphelins, des arrérages de pensions échus ou de secours ;

17º Les actes de notoriété pour rectification d'erreur de noms dans les inscriptions sur le Grand Livre ;

18º Les procurations pour se faire représenter aux actes de l'état civil ;

19º Les actes d'opposition aux mariages ;

20° Les procurations pour toucher les rentes ou pensions sur l'État ;

21° Les actes de dépôts par ordonnance des testaments olographes ;

22° L'acte de suscription d'un testament mystique ;

23° Les baux des biens des communes, des hospices, des fabriques et autres établissements publics ;

24° La révocation des testaments publics ;

25° Les procurations pour s'inscrire en faux, récuser un juge ou le prendre à partie.

**6.** La contre-lettre est un acte destiné ordinairement à rester secret ; elle annule ou modifie un acte connu ; elle n'a d'effet qu'entre les parties contractantes et jamais contre les tiers.

**7.** Les tiers sont ceux qui sont étrangers aux conventions et qui n'ont pas souscrit les actes.

**8.** Les sous-seings privés une fois reconnus, soit par acte public, soit en justice, ont la même foi qu'un acte notarié.

**9.** Dans le cas où la partie désavoue son écriture ou sa signature et dans le cas où ses héritiers ou ayants cause déclarent ne les point reconnaître, la vérification peut en être ordonnée en justice si la partie adverse s'inscrit en faux.

S'inscrire en faux c'est donc demander à un tribunal que l'écriture soit vérifiée, et celui-ci ordonne ou refuse la vérification.

**10.** Les actes sous seing privé qui sont faits entre plusieurs personnes et qu'on nomme synallagmatiques ou bilatéraux, ne sont valables qu'autant qu'ils ont été faits en autant d'originaux qu'il y a de parties ayant un intérêt distinct. Il suffit d'un seul original pour toutes les personnes ayant le même intérêt : ainsi, deux associés achètent une maison pour leur commerce ; dans ce cas, ils n'ont pas un intérêt distinct, un seul original suffit.

Chaque original doit indiquer le nombre des originaux qui ont été faits ; mais le défaut de mention que les originaux ont été faits doubles, triples, ne peut être opposé par celui qui a exécuté la convention.

**11.** Il arrive donc très-souvent que cette nullité est couverte, parce que la convention a été exécutée ; ainsi, par exemple : une fois en jouissance d'un appartement, le propriétaire et ses ayants cause, le locataire et ses ayants cause ne pourraient pas faire annuler la convention pour défaut de mention.

**12.** Un billet ou une promesse, ou une reconnaissance au profit d'une personne, par acte sous seing privé, doit être écrit de la main de celui qui le souscrit ; il faut au moins qu'outre sa signature il ait écrit en toutes lettres la somme ou la quantité de la chose : Bon pour cent francs ; excepté toutefois lorsque l'acte émane de marchands, artisans, laboureurs, vignerons, gens de journée et de service.

**13.** Les actes sous seing privé n'ont de date certaine contre les tiers que du jour où ils ont été enregistrés, ou bien du jour de la mort de l'un des souscripteurs ou du jour où leur substance est constatée dans des actes dressés par des officiers publics, tels que des procès-verbaux d'inventaire, d'opposition de scellés, etc.

Il faut remarquer que la date est certaine entre les parties ; mais comme elles auraient pu s'entendre, afin d'antidater leur acte et frustrer les tiers, c'est donc seulement contre ceux-ci qu'elle n'est pas certaine. En vendant une maison, on pourrait également la vendre à une autre personne, en mettant une date antérieure à la première vente ; or, si le premier titre n'est pas enregistré, le second acquéreur pourrait déposséder le premier, la date de son titre étant antérieure, et du moment que ni l'un ni l'autre n'est revêtu des formalités qui lui donnent une date certaine, on est obligé de suivre l'ordre des dates ; bien plus, le second acquéreur pourrait présenter son acte à la formalité de l'enregistrement et obtenir pour son acte une date certaine avant le premier acquéreur. Un bail n'étant pas enregistré, le nouvel acquéreur pourrait faire sortir le locataire qui n'aurait de recours en indemnité que contre l'ancien propriétaire souvent insolvable. Si on veut avoir une action réelle en indemnité, en cas d'expropriation pour cause d'utilité publique, il faut que le bail ait une date certaine.

**14.** Indépendamment des avantages résultant de l'enregistrement, il ne faut pas oublier que, pour éviter un double droit, il faut que cette formalité ait été donnée dans les trois mois à tous les sous-seings privés portant transmission de propriété et d'usufruit de biens immeubles, aux baux à ferme ou à loyer, sous-baux, cessions ou subrogations de baux et aux engagements de biens. Et, par la loi du 28 février 1872, on impose le délai de trois mois à la vente des fonds de commerce et de clientèle.

**15.** Toutes ces ventes et tous ces baux, s'il n'y a pas de titre, si la transmission est verbale, doivent être déclarés au bureau de l'enregistrement dans les trois mois de l'entrée en jouissance, à peine d'un droit en sus dont le minimum est de cinquante francs.

**16.** Il n'y a pas de délai de rigueur pour

l'enregistrement des autres actes sous seing
privé.

**17.** Toutefois il ne pourra être fait aucun
usage, soit dans un acte public, soit en justice ou devant toute autre autorité consti-
tuée, d'un titre qui n'aurait pas été préala-
blement enregistré ; l'article 47 de la loi du
22 frimaire an VII fait défense aux juges de
rendre aucun jugement et aux maires de
prendre aucun arrêté, à peine d'être personnellement responsables des droits.

**18.** Les actes sous seing privé peuvent
être enregistrés indistinctement dans tous
les bureaux.

**19.** Les droits d'enregistrement des actes
portant obligation ou reconnaissance de
somme, libération ou quittance, translation,
transmission ou vente de propriété, d'usufruit, de jouissance, seront supportés par
les débiteurs et nouveaux possesseurs et
ceux de tous les autres actes le seront par
les parties auxquelles les actes profiteront,
lorsqu'il n'aura pas été stipulé de dispositions contraires dans les dits actes.

## I I

## DES BAUX ET LOCATIONS

**20.** Le bail est une convention par laquelle on transfère à quelqu'un la jouissance d'une chose, pour un temps limité et moyennant un certain prix.

**21.** Le bail peut être rédigé par-devant notaire ou fait par acte sous seing privé, ou convenu sans écrit, c'est-à-dire verbalement.

**22.** On dit souvent : Ce n'est pas un bail, c'est une location. On veut ainsi exprimer la transmission d'une jouissance sans écrit. On commet une erreur, attendu que la location n'est pas autre chose que l'action de donner à bail un objet, soit par écrit, soit verbalement. On peut donc avoir un bail écrit, une location écrite, un bail verbal ou une location verbale.

**23.** On appelle bail à loyer le louage des maisons et des meubles;

**24.** Bail à ferme, le louage des terres.

**25.** On donne le nom de bailleur à celui qui donne, à loyer ou à ferme, une maison, une terre; c'est le propriétaire;

**26.** Le nom de preneur à celui qui prend à loyer une maison, une terre, c'est le locataire; le locataire d'une ferme s'appelle aussi fermier.

**27.** Il ne faut pas confondre la jouissance avec l'usufruit. Le preneur ne peut jouir de la chose louée que suivant la destination qui lui a été donnée par le bail, tandis que l'usufruitier jouit comme le propriétaire même. Si le preneur emploie la chose à un autre usage que celui auquel elle a été destinée, le propriétaire peut faire résilier le bail, tandis qu'il n'a pas le droit de faire cesser l'usufruit ; le bail ne prend pas fin par la mort ; les héritiers du preneur succèdent aux droits et aux obligations de ce dernier, tandis que l'usufruit cesse par le décès de l'usufruitier. Pour se soustraire aux charges de l'usufruitier, le bénéficiaire peut renoncer à son usufruit, tandis que le preneur doit remplir, sans pouvoir s'en affranchir, les obligations qu'il a contractées ; on peut donner en hypothèque un usufruit, tandis qu'on ne peut donner une jouissance.

**28.** Si le bail fait sans écrit n'a encore reçu aucune exécution et que l'une des parties le nie, la preuve ne peut être reçue par témoins, quelque modique qu'en soit le prix et quoiqu'on allègue qu'il y a eu des arrhes données. Le serment peut seulement être demandé à celui qui nie le bail.

**29.** Lorsqu'il y aura contestation sur le prix du bail verbal dont l'exécution a commencé et qu'il n'existera pas de quittance, le propriétaire sera cru sur son serment, si mieux n'aime le locataire demander l'estimation par experts ; auquel cas les frais de l'expertise restent à sa charge, si l'estimation excède le prix qu'il a déclaré.

**30.** La conséquence des deux numéros 28 et 29, c'est qu'il est sage de mettre par écrit les conventions arrêtées par les parties contractantes.

**31.** Le preneur a le droit de sous-louer et même de céder son bail à un autre, si cette faculté ne lui a pas été interdite. Cette clause est toujours de rigueur.

**32.** Ainsi, remarquez bien, propriétaires, que vous devez stipuler dans le bail la défense de sous-louer sans votre autorisation, et vous, locataires, si vous désirez avoir ce droit avantageux de sous-louer, c'est de n'accepter aucune clause contraire ; il suffit que le bail soit muet à cet égard, pour que vous ayez le droit de sous-louer.

**33.** Le locataire répond de l'incendie, à moins qu'il ne prouve que l'incendie est arrivé par cas fortuit ou force majeure, ou par vice de construction, ou que le feu a été communiqué par une maison voisine.

**34.** En assurant et son mobilier et ses immeubles, il y a prudence à s'assurer contre les risques que peut faire courir la responsabilité dont on est menacé en cas d'incendie dans les appartements loués.

**35.** Si le bail est fait sans écrit, l'une des parties pourra donner congé à l'autre, en observant les délais fixés par l'usage des lieux.

**36.** La convention ayant eu lieu sans écrit, il n'est pas permis de prouver par témoins que le bail devait avoir telle ou telle durée ; chaque partie, si elle veut, peut le faire cesser, en observant toujours les délais fixés par l'usage.

**37.** Le congé doit faire l'objet d'une convention écrite sur papier timbré et acceptée par la partie qui reçoit le congé, ou bien on doit faire signifier congé par huissier.

**38.** Le bail cesse de plein droit à l'expiration du terme fixé, lorsqu'il a été fait par écrit, sans qu'il soit nécessaire de donner congé.

**39.** Mais si, à l'expiration des baux

écrits, le locataire reste et est laissé en possession, il s'opère un nouveau bail dont l'effet est réglé par l'article relatif aux locations faites sans écrit.

**40.** Le bail n'est pas résolu par la mort du bailleur ni par celle du preneur.

**41.** Si le bailleur vend la chose louée, l'acquéreur ne peut expulser le locataire ou le fermier qui a un bail par-devant notaire ou dont la date est certaine, à moins qu'il ne se soit réservé ce droit dans le contrat.

**42.** Pour savoir quand un bail a une date certaine, voir les observations du numéro 13.

**43.** Si le propriétaire stipule qu'en cas de vente il pourra expulser son locataire, il est bon de fixer le montant des dommages-intérêts, autrement on serait obligé de s'en tenir à ceux fixés par le code civil, à savoir : pour une maison, un appartement ou boutique, une somme égale au prix du loyer pendant le temps qui, suivant l'usage des lieux, est accordé entre le congé et la sortie, et, pour les biens ruraux, le tiers du prix du bail pour tout le temps qui reste à courir.

**44**. Si le bail n'est pas fait par-devant notaire ou si, étant sous seing privé, il n'a pas date certaine, l'acquéreur n'est tenu d'aucuns dommages-intérêts.

**45**. Le locataire qui ne garnit pas les lieux loués de meubles suffisants peut être expulsé, à moins qu'il ne donne des sûretés capables de répondre du loyer ; car le propriétaire a un privilége pour les loyers et les fermages qui lui sont dus.

**46**. Le privilége est un droit que la qualité de la créance, telle que le prix du loyer, donne à un créancier d'être préféré aux autres créanciers, même hypothécaires.

**47**. Ce privilége est de tout ce qui est échu et de tout ce qui est à échoir, si les baux sont authentiques ou s'ils ont une date certaine.

**48**. Lorsque ce sont des baux sous seing privé qui n'ont pas date certaine, le privilége est seulement d'une année, à partir de l'expiration de l'année courante.

**49**. Il y a donc privilége et pour le terme dû de l'année courante et pour le prix de l'année suivante.

**50**. On divise les réparations en grosses et menues réparations : les grosses, telles que les murs, les planchers, les couvertures sont à la charge du propriétaire, tandis que les menues réparations appelées aussi réparations locatives sont à la charge du locataire.

Elles sont d'habitude désignées par l'usage des lieux, et entre autres, les réparations à faire aux âtres ou foyers des cheminées, à la plaque de fer appliquée contre le mur de la cheminée, aux chambranles et aux tablettes des cheminées, aux pavés et carreaux des chambres, lorsqu'il y en a seulement quelques-uns de cassés ; aux vitres, à moins qu'elles ne soient cassées par la grêle ou autres accidents extraordinaires et de force majeure dont le locataire ne peut être tenu : aux portes, croisées, planches de cloison ou de fermeture de boutique, gonds, targettes, serrures.

**51**. Notez bien qu'aucune des réparations réputées locatives n'est à la charge des locataires, quand elles ne sont occasionnées que par vétusté ou force majeure.

**52**. Le curement des puits et celui des fosses d'aisances sont à la charge du bailleur, s'il n'y a clause contraire, tandis que l'entretien des cordes et des seaux est à la charge des locataires.

**53**. Si le locataire d'une maison ou d'un appartement continue sa jouissance, après l'expiration du bail écrit, il sera censé les occuper aux mêmes conditions, pour le terme fixé par l'usage des lieux et ne pourra plus en sortir ni en être expulsé qu'après un congé donné, suivant le délai fixé par l'usage des lieux.

**54**. Celui qui cultive sous la condition d'un partage de fruits avec le bailleur ne peut ni sous-louer ni céder, à moins que la faculté ne lui en ait été expressément accordée par le bail.

**55**. Ce fermier porte le nom de colon partiaire.

La loi du 25 août 1871 sur les baux considère cette espèce de bail comme une association entre le propriétaire et le colon.

**56**. Ce motif a déterminé le législateur à

2.

ne pas assujettir cette espèce de bail à la déclaration.

**57.** Les baux écrits de cette espèce ne sont pas assujettis à l'enregistrement dans un délai déterminé. En cas d'enregistrement, on doit appliquer le tarif des actes de société, c'sst-à-dire le tarif gradué avec cinq francs de droit principal au minimum.

**58.** Si le bail à colonage pour les vignes était un bail à ferme pour des terres et des prés avec une somme annuelle à payer, dans ce cas, il y aurait nécessité de faire une déclaration, en ce qui concerne l'argent touché par le propriétaire.

**59.** En raison de la nature du bail à moitié fruit qui ne permet ni la cession ni la sous-location, on doit en conclure que le propriétaire n'est pas tenu de continuer le bail, lorsque le colon partiaire vient à mourir.

**60.** En cas d'infraction à cette condition, le propriétaire peut rentrer en jouissance et le fermier peut être condamné à des dommages-intérêts résultant de l'inexécution du bail.

**61**. Si le preneur d'un héritage rural ne le garnit pas de bestiaux et d'ustensiles nécessaires à son exploitation ; s'il abandonne la culture ; s'il ne cultive pas en bon père de famille ; s'il emploie la chose louée à un autre usage que celui auquel elle a été destinée ; en général, s'il n'exécute pas les clauses du bail, le propriétaire peut faire résilier le bail et demander des dommages-intérêts.

**62**. Le preneur d'un bien rural est tenu, sous peine de tous dépens et dommages, d'avertir le propriétaire des usurpations commises sur ses fonds.

**63**. Si, pendant la durée du bail, la totalité ou la moitié de la récolte est enlevée par des cas fortuits, le fermier peut demander une remise du prix de sa location, à moins qu'il ne soit indemnisé par des récoltes précédentes.

**64**. Toutefois, il faut que les fruits ne soient pas séparés de la terre.

**65**. Le fermier peut être chargé des cas fortuits par une stipulation insérée dans le bail.

**66**. Cette stipulation ne s'entend que des cas fortuits ordinaires, tels que grêle, feu du ciel. gelée, coulure ;

**67**. Mais non des cas fortuits extraordinaires, tels que les ravages de la guerre, une inondation, à moins que le fermier n'ait été chargé de tous les cas fortuits prévus et imprévus.

**68**. Le bail sans écrit d'un fonds rural est censé fait pour le temps qui est nécessaire, afin que le preneur recueille tous les fruits de l'héritage affermé.

Ainsi, le bail d'un pré, d'une vigne ou de tout autre fonds, dont les fruits se recueillent en entier dans le cours d'une année, est censé fait pour un an. Le bail des terres labourables, lorsqu'elles se divisent par soles ou saisons, est censé fait pour autant d'années qu'il y a de saisons.

**69**. On entend par sole ou saison la division d'une ferme en plusieurs parties à peu près égales d'étendue, destinées chacune à une culture particulière.

Ainsi, on a l'assolement triennal où l'on

met dans la première saison du blé, dans la seconde de l'orge et dans la troisième de l'avoine : ou bien encore, lorsque les terres sont divisées en deux parties dont l'une est ensemencée, tandis que l'autre se repose.

**70**. Le bail d'un bien rural, quoique fait sans écrit, cesse de plein droit à l'expiration du temps pour lequel il est censé fait.

**71**. Il n'est donc pas nécessaire de donner congé, toutes les fois qu'un bail cesse de plein droit.

**72**. Au cas particulier le fermier seul est averti suffisamment par la nature du bail. Il faut nécessairement qu'il ait eu le temps suffisant et pour récolter tous les fruits et pour profiter de toutes les terres divisées en soles ou saisons.

**73**. Le fermier sortant doit laisser les pailles et les engrais de l'année, s'il les a reçus lors de son entrée en jouissance, et quand même il ne les aurait pas reçus, le propriétaire pourra les retenir en payant le prix de leur estimation.

**74**. Il est donc certain que le fermier

s'exposerait à des dommages-intérêts s'il vendait ou s'il faisait consommer hors de la ferme le foin de. ses prairies, même artificielles, ou la paille des céréales.

# ENREGISTREMENT ET TIMBRE

**75.** L'article 13 de la loi du 22 frimaire an VII est ainsi conçu : la jouissance à titre de ferme ou de location, ou d'engagement d'un immeuble, sera suffisamment établie pour la demande et la poursuite du paiement des droits des baux non enregistrés, par les actes qui la feront connaître, ou par des paiements de contributions imposées aux fermiers, locataires ou détenteurs temporaires.

**76.** L'article 11 de la loi du 25 août 1871 a eu pour objet de rendre toute son efficacité aux principes déposés dans l'article 12 précité.

**77.** En principe et à défaut d'un bail écrit constatant une mutation de biens immeubles, il y sera suppléé par des déclarations détaillées et estimatives, dans les trois mois de l'entrée en jouissance.

**78.** L'obligation de déclarer est limitée aux locations de biens immeubles; elle ne comprend ni la location des meubles, ni celle du bail à colonage ou à moitié fruits. ni au bail d'un appartement meublé, ainsi que nous l'avons déjà expliqué sous les numéros 55 à 59.

**79.** Les personnes qui occupent des appartements meublés ne sont pas considérées comme des locataires; elles ne payent ni la cote mobilière, ni l'impôt des portes et fenêtres. La personne qui est considérée comme ayant toujours la jouissance, c'est le logeur, c'est celui qui loue en garni, en sorte que, si un propriétaire veut meubler sa maison et louer ses appartements en garni, il est considéré comme un logeur. C'est le cas d'un propriétaire qui exploite lui-même sa ferme.

**80.** Au contraire, si le propriétaire d'une maison meublée loue en totalité ou en partie sa maison à quelqu'un qui vient l'habiter lui-même et l'exploiter comme logeur, celui-ci est un véritable locataire : toutefois, comme la déclaration obligatoire ne concerne que les locataires d'immeubles, ce locataire devra faire sa déclaration sur le prix qui a rapport seulement à l'immeuble et non sur le prix ayant rapport à la location des meubles et objets mobiliers.

**81.** La déclaration ne s'applique pas aux stipulations par lesquelles un propriétaire accorde à certains individus un droit temporaire dans son immeuble, quand cette concession est l'accessoire d'un autre contrat. Tels sont les logements accordés aux concierges, aux domestiques, aux ouvriers logés dans des bâtiments attenant aux usines, au logement d'un vigneron à moitié fruits.

**82.** La déclaration est obligatoire pour les locations prétendues faites à titre gratuit, par exemple : pour la jouissance concédée par un père à ses enfants, sans paiement de loyer, d'un appartement dans sa maison ; ces appartements, du reste, sont passibles de la contribution mobilière.

**83.** L'obligation de la déclaration est imposée aussi :

1° Aux prorogations de baux ;

2° Sous-baux ;

3° Cessions de baux ;

4° Subrogations de baux ;

5° Rétrocessions de baux ;

6° Résiliations de baux.

**83** *bis*. Ne sont pas assujetties à la déclaration les locations verbales dont le prix annuel n'excède pas cent francs, pourvu toutefois que le bail verbal n'ait pas une existence de plus de trois ans, ce qui doit arriver assez rarement.

**84.** Toutefois si le propriétaire a consenti plusieurs locations verbales n'excédant pas cent francs, mais dont le prix cumulé excède cent francs annuellement, il sera tenu d'en faire la déclaration et d'acquitter, personnellement et sans recours contre ses locataires, les droits d'enregistrement.

**85.** Le sous-locataire ou principal locataire se propose le même but que le propriétaire d'une maison ou d'un domaine affermé en détail; aussi est-il certain que si ces sous-locations réunies ensemble excèdent le prix de cent francs, la déclaration devient obligatoire.

**86.** Cette disposition ne s'applique-t-elle qu'aux diverses parties d'un même corps d'édifice, d'un même corps de maison ou de parcelles contiguës ?

Nous pensons que la loi doit recevoir son application toutes les fois que les immeubles sont situés dans la même commune, bien qu'il n'y ait pas contiguité, ou bien lorsqu'ils font partie d'un même corps de domaine situé sur plusieurs communes.

**87.** L'obligation de la déclaration pour les baux collectifs d'un prix supérieur à cent francs n'est établie qu'à l'égard des locations verbales. Il en résulte qu'on doit faire abstraction, dans tous les cas, des baux écrits consentis par le bailleur et qu'aucune déclaration n'est nécessaire, quoiqu'il ait affermé verbalement une partie de son immeuble pour cent francs et le surplus, par bail écrit, moyennant deux cents francs.

88. La loi ne prévoit également que la réunion de locations verbales n'excédant pas cent francs. Il n'y a donc pas à considérer s'il existe d'autres locations verbales supérieures à ce chiffre.

89. Aux termes de la loi de l'an VII sur l'enregistrement, les droits sur les donations entre vifs et sur les successions se perçoivent sur le revenu brut et annuel des biens donnés.

90. Les baux enregistrés servant de base à la perception, il y avait une grande inégalité dans le paiement des droits, entre ceux qui étaient obligés de produire un titre et ceux qui, n'en ayant pas, faisaient des déclarations.

91. On a donc eu pour but, dans la nouvelle loi, d'arriver principalement à l'équité

de l'impôt ; le droit minime perçu sur les baux n'a été qu'une considération secondaire.

ENREGISTREMENT

**92.** Lorsqu'un bail est écrit, on doit le présenter à l'enregistrement dans les trois mois de sa date, bien que l'entrée en jouissance ait lieu beaucoup plus tard : ainsi, un bail du 1er janvier 1872, dont l'entrée en jouissance n'aura lieu qu'au 24 juin 1872, à la Saint-Jean, devra être présenté à la formalité de l'enregistrement le 1er avril 1872, c'est-à-dire avant l'expiration du délai de trois mois, à partir du 1er janvier 1872.

**93.** Si au contraire le bail écrit seulement le 1er janvier 1872 fait remonter la jouissance au 11 novembre 1871, il faudra présenter le bail au bureau de l'enregistrement dans les trois mois à partir du 11 novembre 1872, c'est-à-dire le 11 février 1872.

**94.** Quand on entre en jouissance le 25 décembre, le bail doit être rédigé avant le 25 mars de l'année suivante et déposé au plus tard à cette date au bureau de l'enregistrement.

**95.** Le bail écrit, quelque minime que soit sa valeur, soit par exemple dix francs annuellement, est passible du droit d'enregistrement, tandis qu'une location verbale est exempte du droit.

**96.** Il est bien de remarquer que nous parlons seulement des baux des propriétés immobilières, et non des baux des meubles, pour lesquels il n'y pas de délai de rigueur.

**97.** On doit enregistrer dans les trois mois de leur date, et toujours aussi avant trois mois de l'entrée en jouissance, les sous-baux et autres actes énumérés au numéro 83.

**98.** Les droits des baux sont à la charge des locataires, à moins de stipulation contraire, telle que celle du partage des frais entre le bailleur et le preneur.

**99.** Si le bail est de plus de trois ans et si les parties le requièrent, le montant du droit pourra être fractionné en autant de payements égaux qu'il y aura de périodes triennales, dans la durée du bail.

**100.** Le payement des droits afférents à la première période sera seul acquitté lors de l'enregistrement, et celui des périodes subséquentes aura lieu dans le premier mois de l'année qui commencera chaque période.

**101.** La disposition du paragraphe 3 de l'article 69 de la loi du 22 frimaire an VII, ainsi conçue : « Seront considérés, pour la liquidation et le payement du droit, comme baux de neuf ans, ceux faits pour trois, six ou neuf, » est abrogée.

**102.** Remarquez bien la différence qui existe entre un bail fait pour neuf ans sans dédite avec celui fait pour neuf ans avec dédite, au bout de la troisième ou de la sixième année.

**103.** Dans le cas d'un bail sans dédite, pour neuf ans, on peut obliger le receveur à percevoir seulement le droit pour trois ans ; mais le droit n'en est pas moins dû sur neuf ans, c'est-à-dire qu'après la première période de trois ans, le locataire devra venir dans le premier mois de la deuxième période acquitter un nouveau droit pour trois ans ou venir déclarer qu'il a résilié son bail, auquel cas le droit deviendrait exigible par le propriétaire, à titre de rétrocession de bail.

**104.** En un mot, dans les baux de neuf ans sans dédite, le trésor ne perd pas son droit ; il doit être forcément payé pour les neuf années, soit par le locataire, soit par le propriétaire.

**105.** Dans les baux avec dédite au bout de la troisième ou de la sixième année, le droit est dû seulement pour la première période, et si le bail est résilié régulièrement, il n'y a pas lieu d'exiger les droits sur les autres périodes.

**106.** Il y a donc avantage à faire un bail

avec dédite au bout de la troisième ou de la sixième année,

**107**. Les baux écrits peuvent être enregistrés dans tous les bureaux qui ont dans leurs attributions l'enregistrement des sousseings privés : ainsi, par exemple, le bail d'une maison située à Paris peut être enregistré à Lyon dans tous les bureaux, à l'exception du bureau du timbre extraordinaire.

**108**. Les déclarations des locations verbales sont également reçues par tous les bureaux de France; exemple : la déclaration d'une ferme située à Trévoux (Ain) peut être reçue au bureau de Villefranche (Rhône).

**109**. Il a été en outre décidé que, dans les communes où il n'existe pas de bureau d'enregistrement, les déclarations pourront être reçues par les percepteurs des contributions directes.

**110**. Lorsque les contribuables se présenteront de nouveau chez le percepteur, pour acquitter un nouveau terme, les parties versantes devront représenter au percepteur la première quittance qui leur aura été délivrée. attendu que ces fonctionnaires n'auront plus en leur possession les déclarations de location verbales.

**111.** Lorsque le bail sera de plus de trois ans et que les parties requerront le fractionnement des droits, en autant de payements égaux qu'il y aura de périodes triennales dans la durée du bail, l'intention des parties devra être exprimée sur une formule de déclaration de location verbale.

**112.** Après avoir indiqué sur l'imprimé remis par le receveur : 1° les noms des parties ; 2° la date du sous-seing privé ; 3° le détail des biens loués, on ajoutera : Je requiers l'enregistrement de ce bail pour une période de trois ans ; on datera sa réquisition et on signera.

**113.** Les locations de cent francs et au-dessous sont exemptes de tous droits, ainsi qu'on l'a déjà expliqué au numéro 83 : mais toutes celles au-dessus de ce chiffre sont à la charge des locataires.

**114.** L'article 6 de la loi du 28 février 1872 impose au propriétaire l'obligation de faire la déclaration et de payer les droits, sauf son recours sur son locataire. Ainsi donc, il est bien compris que, pour toutes les locations verbales, c'est au propriétaire ou bailleur à venir au bureau de l'enregistrement.

**115.** Pour les baux écrits, c'est au contraire au locataire ou preneur à présenter son titre, dans les trois mois de la date de l'acte et toujours moins de trois mois avant l'entrée en jouissance.

**116.** A l'expiration du délai de trois mois donné au locataire, le propriétaire, afin d'éviter une amende de cinquante francs, plus dix francs pour le double décime, aura un délai d'un mois pour déposer son bail au bureau de l'enregistrement.

**117.** En cas de location verbale, suivant l'usage des lieux, les droits d'enregistrement deviendront exigibles dans les vingt jours qui suivent l'échéance de chaque terme et la perception en sera continuée jusqu'à ce qu'il ait été déclaré que le bail a cessé ou qu'il a été résilié. Exemple : une maison est louée, suivant l'usage des lieux, à partir du 24 juin 1872 pour une année. Si au 24 juin 1873 le locataire reste, le propriétaire devra payer un nouveau droit de bail, pour une année, dans les vingt jours, à partir du 24 juin 1873 : à défaut de paiement dans ce délai, le bailleur pourra être contraint au payement, et, pour éviter des frais, il devra payer au plus tôt.

**118.** Toutes les fois qu'on aura oublié d'aller au bureau dans les vingt jours déclarer que le bail a cessé ou a été résilié, on devra les droits, suivant l'usage des lieux, soit pour une année ou pour six mois, en consultant les déclarations précédentes.

**119.** En cas de déclarations insuffisantes, l'administration est autorisée à recourir à l'expertise, et lorsque l'insuffisance sera constatée par un rapport d'expert, les frais de cette expertise seront payés par le déclarant, quel que soit d'ailleurs le chiffre de l'insuffisance.

**120.** Si, indépendamment d'une location de propriété, on vend des meubles, des denrées, on prête une somme, il faut avoir soin de rédiger ces conventions sur une autre feuille que celle qui a rapport au bail, attendu que celui-ci doit être enregistré dans les trois mois de sa date, tandis que les autres conventions n'ont souvent pas besoin de passer à la formalité de l'enregistrement ; en renfermant toutes les conventions dans un même écrit, on oblige le receveur à percevoir des droits sur toutes les dispositions étrangères au bail.

**121.** L'administration de l'enregistrement accorde aux contribuables la faculté de ne pas se déplacer, en remplissant des formules ou en se faisant représenter par des mandataires.

**122.** Les procurations doivent être timbrées, mais elles sont dispensées de l'enregistrement.

**123.** Un pouvoir général est suffisant.

**124.** On peut présenter un extrait d'une procuration déposée dans un greffe ou chez un notaire.

**125.** Dans le cas où le même mandataire est appelé à faire des déclarations dans d'autres bureaux, le receveur remet sans frais des certificats constatant le dépôt du pouvoir.

**126.** Les régisseurs qui auraient déposé, soit des pouvoirs authentiques, soit des pouvoirs sous seing privé enregistrés, pourront les retirer en fournissant en échange des procurations non enregistrées ou même de simples lettres dûment timbrées.

**127.** On peut fournir une seule déclaration par maison, à la condition d'y annexer un état détaillé et certifié du même format que les formules délivrées par le receveur.

**128.** Si les baux sont de courte durée ou faits suivant l'usage des lieux, les droits peuvent être payés par anticipation pour six mois ou un an.

**129.** Au prix du bail, pour la liquidation du droit, on doit ajouter les charges, mais seulement les charges qui, étant de droit au compte du propriétaire, sont par le bail mises au compte du locataire.

**130**. En consultant l'article 50, on en concluera qu'on doit réunir au prix du bail la valeur des grosses réparations, la contribution foncière seulement, la prime d'assurance de la propriété, le curage des fossés, des puits, des lieux d'aisances, attendu que toutes ces charges incombent de droit au bailleur ; en un mot, on doit ajouter au prix la valeur de toutes les choses que le propriétaire doit payer, d'après les lois générales, et que le locataire ou le fermier est tenu de supporter en sus de son prix. On conçoit, en effet, que, dans ces stipulations. le locataire aurait consenti une augmentation de son prix équivalente aux charges qui lui sont imposées. On doit donc estimer et ajouter au prix la charge de livrer au bailleur, chaque année, dix kilogrammes de beurre, six poulets, deux hectolitres de vin, en un mot, tout ce qu'on entend par denier d'entrée, épingle, pot de vin, faisances.

**131**. En ce qui concerne les impôts, on

fait remarquer que, si cette charge est imposée au locataire, au fermier, il y a lieu de produire à l'enregistrement un certificat du percepteur constatant le montant de la somme à payer ; car, à défaut de justification, le receveur doit, aux termes de ses instructions, ajouter, pour représenter l'impôt foncier, le quart du prix annuel du bail.

## CONTRAVENTIONS

**131** *bis*. Le défaut d'enregistrement d'un bail est puni d'un droit en sus dont le minimum est de . . . . . . . .    50 fr.

Et le double décime . . .    10  »

TOTAL. . . .    60 fr.

à la charge du preneur,

Et d'un pareil droit à la charge du bail-

leur, droit personnel, sans recours, nonobs-
tant toute stipulation contraire.

**132.** Les peines sont personnelles, c'est-
à-dire que le locataire ne pourrait être contraint à payer l'amende encourue par son
propriétaire et réciproquement.

**133.** Le bailleur solidaire du droit simple
d'enregistrement du bail peut dégager sa
responsabilité et éviter l'amende, en faisant
le dépôt de son acte dans le quatrième mois
de sa date.

**134.** Cette amende étant personnelle, il
semble résulter du texte de la loi que les
héritiers ne sont pas responsables des amendes encourues par leur auteur.

**135.** Il existe deux cas où le payement
des droits peut avoir lieu, après l'enregistrement du bail ou la déclaration d'une location verbale :

1° Pour les échéances triennales des baux
de plus de trois ans ;

2° Lorsque la location est faite, suivant
l'usage des lieux : ainsi lorsqu'on a payé
pour une année, soit du 24 juin d'une année

au 24 juin de l'année suivante, le second payement doit avoir lieu dans les vingt jours à partir du 24 juin, si le bail se continue avec le même locataire. Dans ces deux cas, le droit doit être payé ultérieurement à des époques différentes, sans qu'il y ait une sanction pénale.

**136**. En cas de déclaration insuffisante (voir le n° 119), l'auteur de la déclaration, indépendamment des frais, est passible d'un droit en sus sur la somme dissimulée.

**137**. Le défaut de déclaration entraîne, pour pénalité, un droit en sus dont le minimum est de cinquante francs, plus le double décime.

## TIMBRE

**138**. L'article 23 de la loi du 13 brumaire an VII défend la rédaction d'un acte à la suite d'un autre, à peine d'une amende de six francs, y compris le double décime.

**139.** En conséquence, il ne faut pas mettre à la suite d'un bail une prorogation, une cession, ni un acte par lequel on déclare distraire de la jouissance du locataire certaines portions de biens affermés ; en un mot, toute modification, toute convention nouvelle doit être rédigée sur une autre feuille de papier timbré.

**140.** Un bail fait en double sur du papier libre entraîne deux amendes de soixante francs, y compris le double décime, l'une pour le bailleur, l'autre pour le preneur.

**141.** On ne doit jamais écrire sur les timbres, comme cela arrive très-souvent, attendu que l'article 21 de la loi du 13 brumaire an VII rend passible d'une amende de cinq francs toute empreinte altérée ou couverte d'écriture.

**142.** Le papier timbré qui aura été employé à un acte quelconque ne pourra plus servir pour un autre acte, quand même le premier n'aurait pas été achevé.

**143.** Les quittances de fermage et de loyer sont passibles actuellement d'un timbre de dix centimes ; indépendamment de la signature donnée pour la libération du débiteur, il faut avoir soin de dater et de signer le timbre.

**144.** L'oblitération du timbre nécessite donc deux dates et deux signatures pour chaque quittance

**145.** On ne doit pas chercher à économiser dix centimes, l'amende de soixante francs, y compris le double décime, étant à la charge du propriétaire, tandis que le timbre de dix centimes est à la charge du locataire qui reçoit la quittance et qui, pour un motif provenant d'une brouille, pourrait remettre aux mains des employés de l'État et des gendarmes les quittances délivrées par son bailleur et faire méchamment payer à ce dernier autant de fois soixante francs qu'il remettrait de quittances non pourvues de timbre.

## MODÈLE D'UN BAIL A LOYER

**146**. Entre les soussignés, Adolphe David, négociant à Villefranche,

Et Paul Vaillant, horloger au dit lieu, ont été faites les conventions suivantes :

M. David donne à loyer pour trois, six ou neuf années consécutives, au choix des parties et en s'avertissant réciproquement et par écrit six mois d'avance avant l'expiration des trois ou six premières années qui commenceront à courir le 24 juin 1872, à M. Vaillant qui accepte :

Le rez-de-chaussée d'une maison située dans la rue Nationale, n° 88, consistant en une boutique, arrière-boutique, salle à manger, cuisine, chambre à coucher, avec portion de cave, de grenier, droit aux aisances et à la fontaine dans la cour.

Ce bail est fait aux conditions suivantes que le locataire s'oblige d'exécuter :

*Ce bail est susceptible de recevoir un grand nombre de clauses ; les unes sont favorables au propriétaire, d'autres au locataire : on conviendra, avant le bail, de celles qu'on veut y insérer.*

Voici les principales :

1º De tenir le logement garni de meubles suffisants pour répondre en tout temps des loyers ;

2º De l'entretenir et de le rendre en bon état de réparations locatives ;

3º De payer l'impôt des portes et fenêtres et de satisfaire à toutes les charges de ville et de police dont les locataires sont ordinairement tenus ;

4º De ne pouvoir céder son droit au bail ni sous-louer sans le consentement exprès et par écrit du propriétaire ;

*Si cette clause n'était pas écrite dans le bail, le locataire aurait le droit de sous-louer sans le consentement du propriétaire.*

5º Le bailleur se réserve de résilier le bail, en cas de vente de la maison, en prévenant trois ou six mois à l'avance ;

6º Il sera fait un état des lieux, lors de l'entrée en jouissance ;

7º Ce bail est fait moyennant la somme annuelle de quatre cents francs, payable au domicile du propriétaire, en deux termes égaux, de six mois en six mois, dont le premier aura lieu le 25 décembre 1872.

Fait double, à Villefranche, le vingt juin mil huit cent soixante-douze.

*(Signatures des parties.)*

Ce bail ayant une dédite au bout de la troisième année, il suffit, pour asseoir les droits d'enregistrement, de multiplier le chiffre annuel de 400 par 3 : on obtient 1,200 à 20 %, la somme de :   2 fr.  40

| | | |
|---|---|---|
| 1er décime.     .   .   .   . | » | 24 |
| 2e décime.     .   .   .   . | » | 24 |
| TOTAL.   .   . | 2 fr. | 88 |

Si ce bail contenait une caution, le droit d'enregistrement serait d'une moitié en sus.

### MODÈLE D'UN BAIL A FERME

**147.** Entre les soussignés, Eugène Vuillaume, propriétaire rentier, à Arbois,

Et Auguste Rougebief, fermier, à Vadans,

Ont été faites les conventions suivantes :

M. Vuillaume donne à titre de bail à ferme,

pour neuf années consécutives et pour la récolte entière et dépouille de tous les fruits et produits qui pourront être perçus et recueillis pendant les dites années qui commenceront au onze novembre de l'année mil huit cent soixante-douze, au sieur Rougebief qui accepte,

Les biens ci-après désignés, savoir :

Un corps de ferme situé à Vadans, consistant en dix-huit hectares de terres labourables, cinq hectares de prés et un hectare vingt ares de vignes.

*Énoncer ici les détails des pièces avec les lieux dits ; prendre au besoin un extrait de la matrice cadastrale et indiquer les numéros.*

Ce bail est fait aux charges, clauses et conditions suivantes :

1° De garnir la dite ferme et de la tenir garnie de meubles, grains et fourrages, chevaux, bestiaux et ustensiles suffisants pour répondre des fermages ;

2° D'entretenir les bâtiments de toutes réparations locatives et de les rendre, à l'expiration du bail, en bon état de réparation, conformément à l'état dressé entre les soussignés, avant l'entrée en jouissance du dit fermier ;

3° De souffrir les grosses réparations et de fournir les voitures et chariots pour transporter les matériaux nécessaires aux dites réparations ;

4° De labourer, fumer et ensemencer les terres par soles et saisons convenables, sans pouvoir cultiver les terres d'une autre manière ;

5° De convertir toutes les pailles en fumier pour l'engrais des terres de la ferme, sans pouvoir en distraire ni vendre aucune partie et de laisser, à la fin du bail, toutes celles qui s'y trouveront ;

6° D'entretenir les clôtures, de replanter de nouvelles haies où il pourrait en manquer et de faire vider et curer les fossés quand il en sera besoin ;

7° De bien façonner et cultiver les vignes, suivant les usages des lieux, les provigner, en replanter d'autres à la place de celles qui auraient péri ou qu'il faudrait arracher ;

8° D'écheniller les arbres toutes les fois qu'il en sera besoin et de replanter d'autres arbres à la place de ceux qui auraient péri ;

9° De payer, sans diminution de fermage, l'impôt foncier pendant la durée du bail ;

10° De rendre à la fin du bail les ustensiles de culture et de labour attachés à la ferme, tels qu'il les a reçus et tous les biens en bon état de culture ;

11° De ne pouvoir céder ni transporter son

droit au bail, sans le consentement exprès et par écrit du bailleur.

Ce bail est fait moyennant un fermage annuel de deux mille francs, payable chaque année au domicile du bailleur en un seul terme ou en deux termes, dont le premier sera fait le 11 mai prochain et le second le onze novembre suivant.

Le fermier sera, en outre, tenu de donner chaque année au propriétaire dix poulets, deux chapons, trois paniers de raisins.

*Toutes les fois qu'il y aura ainsi des charges en nature, il faudra les estimer pour asseoir le droit d'enregistrement.*

On ajoute alors :

Toutes les charges en nature sont évaluées à trente francs annuellement.

On ne doit pas évaluer d'office la charge des impositions foncières, lorsqu'elle doit être payée en sus du prix par le fermier; il faut justifier du montant de la somme payée au percepteur par un certificat que celui-ci délivre sans frais au locataire. Dans le cas où cette justification n'aurait pas eu lieu, le receveur devrait, d'après ses instructions, évaluer les impôts au quart du prix du bail. Lorsque le fermage est assez élevé, il y a donc grand avantage à se procurer la feuille des impositions ou le certificat du percepteur.

Si le bail de neuf ans est fait sans dédite, le fermier a le droit d'exiger l'enregistrement de son bail seulement pour trois ans : mais, ainsi que nous l'avons expliqué, les droits sont toujours dus, soit par le preneur, pour neuf ans, ou, s'il y a résiliation du bail ou rétrocession, par le propriétaire, pour le temps restant à courir.

Il est donc toujours préférable de stipuler une dédite au bout de trois ans, bien que ce soit un bail à ferme.

Le prix du bail est de deux mille francs, ci. . . . . . . . . . 2,000 fr.

Les charges annuelles de trente francs, ci. . . . . . . . . 30 »

Les impôts en sus, suivant la feuille

-----

A REPORTER.   . 2,030 fr.

REPORT. . . 2,030 fr.

d'imposition, sont de quatre-vingt-
cinq francs, ci. . . . . . . . . 85 »

TOTAL. . . . 2,115 fr.

3

Pour trois ans. . . . . . . . 6,345 fr.

Le droit se liquide sur 6,360 francs, à
20 %. . . . . . . . . 12 fr. 72
1er décime. . . . . . . 1 28
2e décime. . . . . . . 1 28

TOTAL. . . 15 fr. 28

## MODÈLE DE PROROGATION OU CONTINUATION DE BAIL

**148.** Éviter d'écrire sur le bail cette prorogation (voir le n° 138) :

Entre les soussignés etc., etc., a été faite la
convention suivante :

Le bail fait entre Adolphe David, négociant.
et Paul Vaillant, horloger, tous deux domici-
liés à Villefranche,

Du rez-de-chaussée d'une maison à Villefranche, rue Nationale, n° 88, par acte sous seing privé en date du 20 juin 1872, enregistré au bureau de Villefranche, le 30 juillet 1872, sera continué pour trois années qui commenceront le 24 juin 1881, pour finir pareil jour de l'année 1884.

Cette continuation de bail est consentie moyennant la somme annuelle de quatre cent cinquante francs que le locataire s'oblige de payer au propriétaire aux lieux, époques et de la manière convenue au bail prérappelé et aux charges et conditions qui y sont portées.

Fait double à Villefranche, le vingt juin mil huit cent quatre-vingt-un.

## OBLIGATIONS DES PROPRIÉTAIRES

1° Baux écrits :

A l'expiration du troisième mois de la date de l'acte ou de l'entrée en jouissance, le propriétaire a un mois pour s'assurer si son locataire a fait donner à son acte la formalité de l'enregistrement et éviter une amende personnelle de cinquante francs ;

2° Locations verbales :

Les déclarations doivent, dans tous les cas, être faites par le bailleur, dans les trois mois de l'entrée en jouissance des locataires.

Lorsque, par des déclarations précédentes,

le propriétaire aura signalé les locataires jouissant selon l'usage des lieux, il devra payer de nouveau, chaque année et dans les vingt jours qui suivront l'époque fixée pour la fin de la location, un nouveau droit, ou bien il devra venir également au bureau de l'enregistrement pour déclarer la cassation de la jouissance.

Les droits payés par les propriétaires sont à la charge des locataires ; mais seulement pour les locations supérieures à cent francs; les autres sont exemptes du droit.

## OBLIGATIONS DES LOCATAIRES

1° Baux écrits :

Ces baux doivent être présentés à la formalité de l'enregistrement dans les trois mois de leur date et toujours dans les trois mois de l'entrée en jouissance.

2° Locations verbales :

Aucune formalité à remplir par les locataires ; seulement ils doivent rembourser au propriétaire les droits payés à l'enregistrement, lorsque le prix annuel est supérieur à cent francs.

FIN

LYON. — IMPRIMERIE PITRAT AÎNÉ, RUE GENTIL, 4.

P. N. JOSSERAND, LIBRAIRE-ÉDITEUR

3, PLACE BELLECOUR, 3

# NOUVEAU GUIDE

## DE

# L'ÉTRANGER A LYON

## HISTORIQUE, DESCRIPTIF ET INDUSTRIEL

Un beau volume in-18 raisin, illustré, avec un plan de la ville

Prix : 1 fr. 25.

Plus complet et plus récent que tous ses devanciers, il l'emporte aussi de beaucoup sur eux par la variété, l'exactitude et le grand nombre des renseignements qu'il contient.

Ce n'est pas une sèche nomenclature ; ce n'est pas un de ces indicateurs qui ont toute l'aridité d'un dictionnaire ; c'est une sorte de panorama très-vif et très-piquant, dans lequel on voit, pour ainsi dire, défiler tout ce que Lyon a de remarquable et de curieux.

Pour notre part, nous l'avons parcouru avec autant de plaisir qu'un roman.

Non-seulement l'étranger qui va visiter Lyon devra se munir du *Nouveau Guide*, mais le Lyonnais lui-même y trouvera une foule de notices et de renseignements qui ont tout l'attrait de la nouveauté.

Nous ajouterons que, comme exécution typographique, c'est un vrai petit bijou.

LYON. — IMP. PITRAT AINÉ, RUE GENTIL, 4.